AF219821

Das Beziehungskarussell

Was Begegnungen in unserem Leben wirklich bedeuten

© 2021 Thomas Herold

Das Beziehungskarussell

Was Begegnungen in unserem Leben wirklich bedeuten

Revision 1.02

© 2021 Thomas Herold

thomasherold.com

FSC
www.fsc.org

MIX

Papier aus ver-
antwortungsvollen
Quellen
Paper from
responsible sources

FSC® C105338

Impressum

Umschlaggestaltung, Illustration: Thomas Herold
Lektorat: Klaus Schepers
Korrektorat: Susanne Wörz

Verlag: BoD – Books on Demand, Norderstedt
Druck und Bindung: BoD – Books on Demand, Norderstedt

ISBN Paperback: 9783752645033
ASIN e-Book: B08TRF7XSP

Bibliografische Information der Deutschen Nationalbibliothek:
Die Deutsche Nationalbibliothek verzeichnet diese Publikation in der Deutschen Nationalbibliografie; detaillierte bibliografische Daten sind im Internet über http://dnb.d-nb.de abrufbar.

Inhalt

Über den Autor

Thomas Herold, Jahrgang 1963, lebte bis 1997 in Freiburg im Breisgau. Er studierte Elektrotechnik mit Schwerpunkt EDV, und gründete mit 21 seine erste Firma im Bereich Softwareentwicklung.

Seine Liebe galt allerdings schon in frühen Jahren der Metaphysik, und seine Reisen durch Indien prägten seinen weiteren Werdegang. Mit seiner nächsten Firma widmete er sich der Astrologie und erstellte eines der meist verkauften Programmpakete Astro Star im Europäischen Raum.

Danach hat er sich für 20 Jahre in den USA (Hawaii & Kalifornien) angesiedelt, und veröffentlichte über 35 Bücher für den Finanzmarkt. Durch die Finanzkrise in 2008 hat er tiefe Einblicke in das Finanzgeschehen erhalten, und seinen ersten Besteller 'Money Deception' geschrieben.

Es folgte ein Finanzlexikon Serie mit 16 Titeln, die über 1000 der wichtigsten Begriffe aus dem Finanzwesen ausführlich beschreiben. Sein zuletzt publiziertes Buch 'High Credit Score Secrets' zeigt die Strategien für das Erreichen einer optimalen Kreditwürdigkeit auf.

Seit 2016 ist er wieder in Freiburg in Breisgau und schreibt metaphysische Kurzgeschichten. „Einsteins wichtigste Erkenntnis" ist seine erste Kurzgeschichte aus der Welt der Metaphysik.

Thomas Herold ist nicht nur Autor, sondern auch begeisterter Tangotänzer. Er ist Mitglied im Citizen Circle, einer Community für ortsunabhängiges Arbeiten, kreative Selbstständigkeit und persönliche Weiterentwicklung.

Weitere Informationen zum Autor und seinen Büchern gibt es unter: thomasherold.com oder auf amazon.de.

„Der Wunsch, diese Frau zu heiraten, stieg ohne Vorwarnung in mir auf, als ich begriff, dass sie die Wahrheit mehr liebt als mich.“ - Veit Lindau (Buchautor und Coach)

Sie haben es bestimmt schon einmal erlebt – das atemberaubende und himmlische Gefühl verliebt zu sein. Frisch verliebt zu sein, fühlt sich an als ob sich die ganze Welt mit einem selbst in eine warme Badewanne verwandelt hätte. Alles glänzt und strahlt eine wohlige Wärme aus, man hat fast den Eindruck, dass ein Licht alle Gegenstände und Menschen umhüllt.

Auf der Straße lächelt man plötzlich wildfremde Menschen an, die Arbeit im Büro läuft auf einmal wie am Schnürchen. Die Hormone jagen wie eine Überdosis Espresso durch den Körper – man sitzt auf heißen Kohlen und fiebert den Moment herbei, an dem man sich endlich wieder sieht.

Aber vermutlich haben Sie auch schon erfahren, dass dieses Gefühl leider nicht bleibt. Es schwindet dahin wie die einst prächtig blühende Orchidee von der alle Blüten abgefallen, und jetzt nur noch die leeren Zweige übrig sind.

Nicht selten verwandelt sich dieses Gefühl von Verliebtsein sogar in das Gegenteil. Schlagartig dreht sich alles um, und steht auf dem Kopf. Man trifft auf unverständliche Meinungen, Haltungen und Verhaltensweisen. Nicht selten fühlt man sich missverstanden, verschaukelt und im Extremfall zutiefst verletzt und sogar wütend. Das zu Beginn vor Freude glühende und hüpfende Herz möchte man sich jetzt am liebsten herausreißen.

Warum fallen wir aus der Liebe, streiten uns schon bald nach den Flitterwochen, und sehen auf einmal nur noch die Schwächen und Fehler unseres Beziehungspartners? Die Liebe scheint nicht von Dauer zu sein. Noch dazu zeigt sie sich in völlig unterschiedlichem Licht, abhängig davon mit wem oder was wir eine Beziehung haben.

Woran liegt es, dass wir völlig gefühllos an bettelnden Menschen vorbeilaufen, aber bei einem streunenden Tier sofort Mitleid empfinden und es augenblicklich streicheln wollen? Weshalb geben wir bisweilen unserem neuen Auto, unserem neuen Computer oder einem Tier mehr Liebe als unserem Partner? Warum fühlen wir uns zu bestimmten Menschen spontan hingezogen? Warum dauern manche Beziehungen ein Leben lang und andere nur wenige Augenblicke?

Sind wir diesem Schicksal des Beziehungskarussells hilflos ausgeliefert?

Gibt es vielleicht einen tieferen Sinn in einer Begegnung, nach dem wir nie fragen, oder den wir nicht verstehen? Gibt es möglicherweise einen Schlüssel oder eine Erkenntnis, durch den wir alle unsere Beziehungen in einem neuen Licht sehen können, und mit dem es uns möglich ist einen inneren Frieden zu finden – unabhängig davon, ob wir in der Welt zusammen oder voneinander getrennt leben?

Was bedeutet es, eine Beziehung zu haben?

Der Definition nach ist eine Beziehung eine Verbindung oder der Kontakt zu einem einzelnen oder einer Gruppe. Das umfasst z.B. politische, kulturelle, geschäftliche, private, zwischenmenschliche, zwischenstaatliche, und auch internationale Beziehungen. Des Weiteren schließt es auch den Bezug zu unserer eigenen Person, zur Umwelt und zu unserem Ursprung als Mensch selbst mit ein.

Das Wort ‚Beziehung' wird auch dazu verwendet, um einen Zusammenhang oder ein wechselseitiges Verhältnis auszudrücken. Also z.B. die Relation zwischen Angebot und Nachfrage oder um einen Bezug zwischen zwei Dingen herzustellen wie z.B. eine Uhr, welche uns die Zeit anzeigt oder der Einfluss des Wetters auf die Verkaufszahlen von Schokoladeneis.

Das Gegenteil von Beziehung ist die Trennung, was uns bereits einen ersten Hinweis auf die wahre Bedeutung des Wortes Beziehung gibt.

Wir haben also Beziehungen zu fast allem in unserem Leben. Zu jeder Person der wir begegnen, zu allen Gegenstände um uns herum, aber auch zu Personen und Gruppen, denen wir nicht begegnen, von denen wir nur theoretisches Wissen haben. Wir haben eine Beziehung zu uns selbst, zu allem Wissen und zu allen Erfahrungen, die wir je gemacht haben.

Das Gehirn speichert unser erlerntes Wissen und unsere Erfahrungen ab, und verknüpft sie mit anderen Erfahrungen und Wissenseinträgen. So entsteht ein äußerst komplexes intelligentes System aus Milliarden von Beziehungen. In den früheren Jahren der Gehirnforschung wurde davon ausgegangen, dass sich das Gehirn im Erwachsenenalter nicht mehr weiter entwickelt. Neuere Studien widerlegen diesen Schluss. Sie beweisen, dass unser Gehirn nicht mit Abschluss der Entwicklungsphase fertig ist, und danach nur noch abbaut, sondern es plastisch ist und lebenslang entwicklungsfähig bleibt. Ein sehr wichtiger Aspekt, auf den wir später noch zurückgreifen werden.

Viele dieser Verknüpfungen im Gehirn sind wiederum mit einem Werte- und Bedeutungssystem verbunden, was mit einer rosaroten Brille vergleichbar ist. Wir ordnen unser Wissen und unsere Erfahrungen in Kategorien, die grob betrachtet entweder gut oder schlecht und förderlich oder hinderlich sind.

Damit vermeiden wir Gefahren, Schmerz und Leiden. Es sind lebenserhaltende Prozesse, die jeder von uns in unterschiedlicher Form erlebt und abgespeichert hat.

Allerdings hat dieses Bewertungssystem nicht nur Vorteile, sondern auch gravierende Nachteile. Wenn es nicht ausgewogen benutzt wird, kann es dazu führen, dass wir übervorsichtig sind, zu viele Überlegungen anstellen, nichts mehr riskieren, und uns im schlimmsten Fall völlig vom Lebensprozess abschneiden.

Es gibt keine Methode dieses Bewertungssystem auszuschalten oder zu kontrollieren. Es ist allerdings möglich durch Erfahrung und Selbstbeobachtung sein eigenes Optimum, und damit eine innere Harmonie zu erzeugen. Dieser Zustand der Balance ist bei jedem Menschen unterschiedlich und kann nicht generell durch ein einziges System beschrieben werden.

Die wichtigste Beziehung für die meisten von uns ist die Paarbeziehung. Diese stellt uns vor die größten Herausforderungen, und dort liegt auch das größte Potenzial in unserer Lebensentfaltung. Deswegen werde ich größtenteils auf diese Beziehungsebene eingehen, aber auch hin und wieder einen Seitensprung in andere Beziehungsebenen unternehmen.

Wir werden uns dabei Schritt für Schritt von der körperlichen Beziehung an die geistige Beziehung herantasten.

Mit diesem Fundament an Wissen können wir anschließend den letzten Schritt vollziehen, und uns auf die metaphysische Ebene begeben, wo wir uns die Bedeutung einer Beziehung aus höchster Ebene ansehen werden.

Die zwei Begriffe Beziehung und Begegnung werde ich im Folgenden abwechselnd verwenden, aber damit das Gleiche beschreiben.

Was erwarten Sie von einer Beziehung?

In einer Umfrage vom Statista Research Department[1] wurden Frauen und Männer befragt, was der wichtigste Aspekt einer Beziehung für sie ist. Frauen und Männer sind sich dabei einig, dass Vertrauen, Ehrlichkeit und körperlicher Kontakt ganz oben auf der Liste stehen sollten. Hingegen gibt es bei der Treue schon die erste Abweichung. Nur 15 Prozent der Frauen finden diesen Punkt wichtig, allerdings ist es für 26 Prozent der Männer ausschlaggebend.

Weiterhin wurde gefragt, welche Kriterien[2] entscheidend sind einen potenziellen Partner kennenzulernen und eine Beziehung mit ihm einzugehen. Hier zeigt sich an erster Stelle, dass Männer und Frauen Spaß haben wollen. An zweiter Stelle steht die Wichtigkeit sich mit dem Partner gut zu unterhalten. Gefühle und Intuition sowie gute Manieren und Umgangsformen stehen auf Platz drei.

Es folgt das Gefallen am Sex, gefolgt vom Wunsch die gleiche Vorstellung für den Kinderwunsch und die Familienplanung zu haben. Erst danach kommt der Faktor Aussehen und Attraktivität ins Spiel, gefolgt vom Wunsch, dass der Partner in das gesellschaftliche Umfeld passt. Das Schlusslicht dieser Liste bilden die Meinung der Freunde und Eltern.

Interessant ist die Tatsache, dass sich Frauen und Männer bis auf wenige Kriterien einig sind. Die größten Differenzen sehen wir beim Thema Beruf, was sicherlich nicht überrascht, da dieses Thema durch unsere kulturelle Entwicklung geprägt ist, und sich erst in den letzten Jahren in Richtung Gleichstellung verändert.

Für 41 Prozent der Frauen ist der Beruf des Mannes wichtig, hingegen finden nur 25 Prozent der Männer wichtig welchen Beruf die Frau hat. Dieses Kriterium ist eng verknüpft mit der Frage, ob der Partner mir einen gewissen Lebensstandard bieten kann, was für Frauen natürlich wichtiger ist als für Männer. Auch die Frage ob der Partner in das gesellschaftliche Umfeld passt, sowie die Kinder- und die Familienplanung ist für Frauen wichtiger als für Männer.

Es scheint, als ob speziell die Deutschen ein Volk der Romantiker sind, denn mehr als zwei Drittel[3] der Deutschen glaubt an die Liebe fürs Leben und etwas mehr als die Hälfte glaubt an die berühmte Liebe auf den ersten Blick. Allerdings wollen nicht alle Deutschen in einer Partnerschaft leben.

Jeder Zehnte ist ein überzeugter Single, und jeder zweite Single ist mit diesem Zustand völlig zufrieden. Wenn es allerdings um die Zufriedenheit im Leben geht, dann geht es denen besser, die in einer festen Beziehung sind.

Auch die statistische Länge einer Beziehung, sowie die Anzahl der Beziehungen in einem Leben, ist mittlerweile durch zahlreiche Befragungen[4] ermittelt. Vom 20. bis 30. Lebensjahr dauert eine Beziehung im Schnitt 4,2 Jahre. Nach durchschnittlich 4,9 Jahren wird geheiratet, meist mit Anfang 30. Eine Ehe hat eine durchschnittliche Lebensdauer von 14,8 Jahren.

Wenn wir unsere Erwartungen zu hoch ansetzen

Für völlig überzogene und realitätsferne Ansprüche an unseren Partner zahlen wir irgendwann einen hohen Preis. Immer mehr Singles suchen nach dem perfekten Partner, gleichzeitig steigt aber auch die Zahl der Scheidungen. Viele Frauen verstehen unter Emanzipation, dass sie mehr Rechte haben, vergessen dabei allerdings die Pflichten, die damit verbunden sind. Trotz zunehmender Emanzipation suchen Frauen immer noch den Traumprinzen, der sie auf Händen durchs Leben trägt. Viele Frauen stecken in einem tiefen Konflikt zwischen den Anforderungen des modernen Frauenbildes und dem historischen, klassischen Wunsch nach Sicherheit und Versorgung durch den Mann.

Aber auch die Männer haben überzogene Ansprüche und wollen nicht länger die alte Rolle des Ernährers übernehmen. Das bedeutet eine neue Freiheit für die Männer, allerdings ist vielen noch nicht klar wie sie eine moderne Partnerschaft führen können, und versinken deshalb in weinerliches Selbstmitleid. Andere Männer wiederum überkompensieren diese Unsicherheit und treten daher besonders forsch und aggressiv auf, was bei den Frauen nicht länger als attraktiv angesehen wird. Des Weiteren hinterlässt die Pornoindustrie eine deutliche Wirkung beim Mann – sieht dieser doch nur noch den Sex als körperliche Entspannung und Befriedigung, wobei die Frau als reines Objekt der Begierde verkommt.

Kein Vorspiel, keine Gefühle, keine Liebe, nur mechanischer Sex.

Noch dazu vermittelt uns die Filmindustrie und die Werbebranche immer häufiger das Bild der idealen Partnerschaft, was unseren Wunsch nach dem Idealpartner nur noch stärker werden lässt. Die alten Rollenmuster haben sich über die Jahrtausende tief ins Unterbewusstsein eingegraben, und es wird immer wieder versucht sie neu zu beleben.

Wie finde ich meinen idealen Partner?

Ehrliche Antwort? Gar nicht! Er kommt vielleicht zu Ihnen, aber wenn er kommt, kann es gut sein, dass Sie ihn nicht als solchen erkennen. Der ideale Partner ist ein Konzept in Ihrem Verstand. Es beschreibt Eigenschaften, die Sie entweder mit dem anderen teilen möchten oder im anderen suchen. Der Wunsch nach einem idealen Partner entspringt der inneren Suche nach Vervollständigung. Je mehr Sie suchen, desto wahrscheinlicher ist es, dass Sie entweder niemand finden, der Ihren Anforderungen gerecht wird, oder dass die Beziehung nach den Flitterwochen bereits scheitert.

Wir alle suchen im Innersten nach einer Verbindung, einer Verschmelzung, einem Einssein mit allem. Diese Suche entspringt unserer tiefsten Erinnerung, es ist der Punkt unseres Ursprungs und der gesamten Welt. Aus dem ursprünglichen Moment des Einsseins – die Wissenschaft bezeichnet es als Urknall – haben sich die Welt und nun etwa acht Milliarden Menschen entfaltet. Aber jeder von uns spürt den Herzenswunsch der Wiedervereinigung mit diesem Urgefühl.

Jede Beziehung fängt also erst einmal mit der Projektion an, dass wir dieses Urgefühl im anderen finden wollen. Daran können wir nichts ändern, solange wir nicht in uns selbst dieses Urgefühl ohne den Anderen wahrnehmen. Die Projektion auf den Partner wird allerdings irgendwann in der Beziehung sichtbar.

Es ist meistens der Punkt der großen Enttäuschung, des Irrtums, dass Ihnen der Andere etwas geben kann was Sie selbst nicht haben. Es wird auch nicht bei einer Enttäuschung bleiben; es passiert, solange bis entweder jegliche Projektion enttarnt ist, oder sie aus Frust, Ärger und Leid die Beziehung beenden. An diesem Punkt beginnt wieder alles von vorne – nämlich dann, wenn Sie sich auf die nächste Beziehung einlassen.

Jetzt erkennen Sie vielleicht auch, warum Partnerbörsen und Dating-Agenturen das perfekte Instrument der Illusion sind, denn sie funktionieren auf der höchsten Ebene der Projektion. Alle 'negativen' Eigenschaften werden aus dem Profil ferngehalten, und die ‚positiven' Eigenschaften mit etwas Aufmachung noch mehr ins Licht gerückt. Ein perfektes Set-up für schnelle Enttäuschungen.

Suchen Sie nicht nach einem Partner, lassen Sie sich finden! Machen Sie dass, was Ihnen wirklich wichtig ist im Leben. Verstecken Sie sich nicht länger zu Hause und gehen Sie in die Welt. Zeigen Sie sich so wie sie sind und geben Sie sich dem Leben hin.

Vergessen Sie den Wunsch nach einem Partner und leben Sie so, als ob dieser Wunsch schon längst in Ihnen erfüllt ist. Vertrauen Sie darauf, dass die richtigen Begegnungen einfach passieren, und wenn Sie passieren, dann versuchen Sie vollkommen präsent, wach und im Moment zu sein. Über alles Weitere müssen Sie sich keinerlei Gedanken machen.

Im Übrigen ist Ihre Verletzlichkeit eine Stärke und keine Schwäche. Wenn Sie aufhören sich gegen 'negative' Gefühle zu wehren, dann werden die Erfahrungen der Eifersucht, Desillusion und Ernüchterung in einer Beziehung immer weniger werden.

Aus welchem Blickwinkel sehen Sie Ihr Leben und Ihre Beziehungen?

Mal ganz ehrlich – wie viel Kontrolle habe sie über Ihre Beziehungen? Sind sie alle zufällig oder sind sie alle bis ins Detail von Ihnen geplant? Die meisten würden sagen, dass sie einen gewissen Einfluss auf Ihre Beziehungen haben, aber wie groß ist dieser Einfluss wirklich?

- Haben Sie sich Ihre Familie bewusst ausgewählt?
- Haben Sie sich Ihren Partner bewusst ausgesucht?
- Wie steht es mit Ihren Freuden?
- Wie sind Ihre Bekannten in Ihr Leben gekommen?
- Wie sieht es mit den Menschen aus, die Sie nur kurzfristig treffen?

Stellen Sie sich für einen Moment vor, Ihre Beziehungen verhalten sich ähnlich wie in einem Film oder einem Roman. Wie viel Kontrolle haben Sie als Darsteller innerhalb eines Films oder eines Romans?

Wenn Sie sich als Darsteller in einem Film sehen, wer oder was bestimmt die Menschen mit denen Sie interagieren? Bestimmen Sie selbst jeden Moment oder handeln Sie nach dem Skript, das Sie sich ausgesucht haben?

Mit dieser Frage gelangen wir in verschiedene Ebenen unseres Überzeugungs- und Glaubenssystems. Auf der sichtbaren Ebene erleben wir Beziehungen meistens passiv – die meisten Dinge passieren einfach. Ich möchte hier allerdings nicht außer Acht lassen, dass sich viele Menschen intensiv Gedanken gemacht haben, welche Eigenschaften der Partner im Leben haben soll, und dann auch einen Partner finden, der diese Eigenschaften hat.

Allerdings gehen diese Wunschvorstellungen in den seltensten Fällen über den eigenen Partner hinaus. Es gibt Eltern, die sich über den Kinderwunsch hinaus auch Gedanken über den zukünftigen Charakter ihrer Kinder machen. Ein Charakter, der vielleicht verschiedene Eigenschaften der Eltern vereint, aber noch darüber hinaus geht. Aber hier ist eindeutig die Grenze erreicht, und wenn Sie wirklich ehrlich zu sich selbst sind, dann stellen Sie fest, dass der Einfluss auf alle Ihre Beziehungen äußerst gering ist. Unser grundlegendes, kollektive Überzeugungssystem auf dieser Ebene lautet, das alles – bis auf wenige Ausnahmen – zufällig passiert.

Nehmen wir für einen Moment an, dass wir unser Skript selbst ausgesucht haben und uns inmitten des Drehbuches unseres Lebens befinden.

Durch diese Annahme ergeben sich äußerst interessante Schlussfolgerungen. Ein exzellenter, authentisch wirkender Schauspieler geht völlig in seiner Rolle auf. Er wird eins mit seinem Skript und den Requisiten.

Der Vergleich mit der virtuellen Welt eines Computerspiels bietet sich an. Der Schauspieler ‚erlebt‘ jede einzelnen Szenen des Films als ob sie real wäre. Dabei entstehen die gleichen Gefühle wie im realen Leben, da es für das Gehirn keinen Unterschied zwischen einer realen Welt und einer virtuellen, erfundenen Welt gibt.

Ein guter Schauspieler kann jedes erdenkliche Gefühl in sich selbst erzeugen. Er braucht dazu nicht einmal einen Mitspieler oder eine Bühne! Er wird niemals das Gefühl haben, dass er sich verloren fühlt oder unsicher ist, wer er ist. Er wird niemals in Depression verfallen oder irgendein Suchtverhalten zeigen, außer es ist seine zentrale Rolle. Er kann sich komplett in seine Rolle stürzen ohne jemals den Bezug zu seinem wahren Selbst zu verlieren. Er muss sich niemals kontrollieren oder etwas zurückhalten, er kann sich komplett hingeben! Die Überzeugung auf dieser Stufe lautet, dass ich mir meiner Rolle im Leben bewusst bin. Ich kenne meine Aufgabe – ich weiß, warum ich hier bin.

Vielleicht ahnen Sie es bereits, es gibt selbstverständlich noch eine weitere Ebene der Betrachtung. Wer oder was schreibt das komplette Drehbuch, und wer oder was verteilt die Rollen?

Es mag eine Intelligenz sein, die außerhalb unserer erfahrbaren Realität liegt, und mit den normalen Sinneseindrücken nicht wahrgenommen werden kann.

Aber wenn wir den Fall ausschließen, dass alles in unserem Leben zufällig passiert, dann bleibt nur noch die Möglichkeit einer uns übergeordneten Intelligenz, welche sich aus sich selbst heraus organisiert und reguliert. Wenn Sie sich für diese Option entscheiden – und es gibt nur die eine oder andere Wahl – dann wird jegliches Bemühen im Leben etwas aus sich selbst heraus erreichen zu wollen, hinfällig.

Mit anderen Worten: wenn Sie sich für die intelligente Variante entscheiden, dann ist jede Anstrengung Ihr Leben und Ihre Beziehungen unter Kontrolle zu bringen, nichts anderes als ein Widerstand gegen das Leben selbst.

Die grundlegende Haltung oder Überzeugung lautet: Es gibt eine Intelligenz, die mich im Leben trägt und führt. Was ich tun muss, um dieser Intelligenz in meinem Leben Ausdruck zu verleihen, ist die komplette Hingabe an das Leben und nicht an mein ‚Ich‘.

Die drei Bedeutungsebenen einer Beziehung

Alle drei Ebenen, die wir im Folgenden besprechen, haben verschiedene Einflüsse und Auswirkungen, sowie Erkenntnisinhalte. Die meisten Begegnungen beinhalten eine, in manchen Fällen zwei, und in ganz seltenen Fällen alle drei Ebenen.

Die erste Bedeutungsebene

Die erste Bedeutungsebene einer Beziehung reflektiert entweder etwas, was Sie über sich selbst glauben, über andere glauben, oder über die Welt glauben. In der klassischen Psychologie wird diese Ebene auch als Projektionsebene bezeichnet. Es ist die bekannte rosarote Brille, die Wahrnehmungsfilter, die wir im Leben haben. Wenn Sie glauben, dass Sie es nicht wert sind, geliebt zu werden, dann werden Sie im Leben nicht viel Liebe erhalten. Wenn Sie glauben, dass andere Menschen Ihnen schlecht gesinnt sind, dann werden Sie das auch genau so erfahren. Wenn Sie glauben, dass das politische System korrupt ist, dann werden Sie immer wieder Beweise dafür finden. Diese Bedeutungsebene der Beziehungen spiegelt Ihnen Ihr Glaubens- und Wertesystem.

Was können Sie von diesen Beziehungen lernen? Sie zeigen Ihnen Ihr Persönlichkeitsbild. Alles, was Sie von sich selbst, über andere oder die Welt glauben.

Dieser Blickwinkel öffnet Ihnen die erste Tür zur Selbsterkenntnis. Es bietet die Möglichkeit, Überzeugungen, die Ihnen im Leben nicht länger nützlich sind, abzulegen – wie Kleidungsstücke, die nicht länger zu Ihnen passen.

Die zweite Bedeutungsebene

Auf der zweiten Bedeutungsebene treffen wir Menschen, die uns Wissen vermitteln, Orientierungshilfe anbieten oder Weisheit vermitteln. Das kann in der Schule, in der Ausbildung, im Berufsleben passieren oder auch durch eine spontane Begegnung im Bus, Zug oder auf einer Party. Die Orientierungshilfe, die wir bekommen hat weniger mit einer Straßenkarte zu tun, als mit einer geistigen Navigationshilfe. Ein kleiner Schubs in die richtige Richtung.

Die dritte Bedeutungsebene

In der dritten Bedeutungsebene werden wichtige Vorgänge in Ihrem Leben in Bewegung gebracht. Viele davon können Auslöser sein für unangenehme, verletzende, hinderliche oder sogar lebensbedrohliche Ereignisse. Wenn Sie z. B. wenn Sie ihren Job oder Ihre liebgewonnene Wohnung verlieren, einen finanziellen Verlust erleiden, wenn Sie einem Betrug aufsitzen, oder von einem guten Freund verlassen und verraten werden. In den meisten Fällen wird einem der Sinn oder der größere Zusammenhang dieser Erfahrungen erst Jahre später im Leben bewusst – manchmal erst ganz am Ende eines Lebenszyklus.

Ein Beispiel hierfür ist die Geschichte von Steve Jobs, dem Erfinder des Apple Computers.

Schon sehr früh wollten die Eltern von Steve, dass er ein College besucht, was er 17 Jahre später tatsächlich auch tat. Aber er hatte sich – naiv wie er damals war – ein College ausgesucht, welches alle Ersparnisse seiner Eltern schneller aufbrauchte als ihm recht war. Nach sechs Monaten brach er sein Studium ab, weil er überhaupt keine Idee hatte, was er mit seinem Leben anfangen wollte. Er konnte sich auch nicht vorstellen wie das College ihm dabei helfen sollte es herauszufinden. Zu allem Überfluss würde es das gesamte Geld verbrauchen, dass seine Eltern ihr Leben lang erspart hatten.

Er beschloss darauf zu vertrauen, dass am Ende schon alles gut werden wird. Er hatte damals große Angst, aber rückblickend war es eine der besten Entscheidungen seines Lebens. In dem Moment, als er das Studium abbrach, konnte er damit aufhören, die Pflicht-Vorlesungen zu besuchen, die ihn nicht interessierten, und stattdessen in die zu gehen, die ihn anzogen.

Er hatte kein Zimmer, also schlief er auf dem Fußboden bei Freunden. Er sammelte Coca-Cola-Flaschen, um mit dem 5-Cent-Pfand Essen zu kaufen. Jeden Sonntag lief er über zehn Kilometer, um sich wenigstens einmal pro Woche eine gute Mahlzeit im Hare-Krishna-Tempel[5] zu gönnen. Er liebte sein Leben und vieles worauf er in dieser Zeit durch seine Neugier und Intuition gestoßen ist, hat sich später als unbezahlbar herausgestellt.

Das Reed College[6] in Kalifornien hat damals – laut seiner Aussage – den besten Kalligrafie-Kurs im ganzen Land angeboten. Auf dem ganzen Gelände war jedes Poster, jedes Label auf jeder Schublade wundervoll per Hand gestaltet. Weil Steve das Studium abgebrochen hatte und keine Pflichtfächer mehr besuchen musste, beschloss er einen Kalligrafie-Kurs zu besuchen, um diese Kunst zu erlernen. Er eignete sich alles über Schriften an und wie man sie verwendet. Es war wundervoll, historisch, kunstvoll dezent auf eine Weise, etwas das die Wissenschaft nicht einfangen kann, und er fand es faszinierend.

Nichts von dem, was er lernte, hatte jemals die Aussicht irgendeine praktische Verwendung in seinem Leben zu finden. Aber zehn Jahre später, als er mithilfe seines Partners Steve Wozniak[7] den ersten Macintosh-Computer entwarf, kam alles zusammen. Es war der erste Computer mit schönen Schriftzeichen. Hätte er damals nicht das Studium abgebrochen, hätte der Mac niemals die verschiedenen Schriftarten oder Schriftzeichen mit proportionalen Abständen bekommen.

Es war unmöglich, eine Verbindung zwischen den einzelnen Punkten herzustellen, als er noch am College war. Aber zehn Jahre später ergab sich daraus ein sehr, sehr klares Bild.

Der Rauswurf aus seiner eigenen Firma war ein weiterer Schicksalsschlag, der sich ebenfalls erst später in seinem Leben in einem völlig neuem Licht zeigte.

Er war 30 Jahre alt, und seine eigene Firma entließ ihn. Es war ein öffentliches Scheitern und Steve überlegte, ob er das Silicon Valley verlassen sollte. Er wurde zwar abgewiesen, war aber nach wie vor verliebt in seine Ideen, und beschloss von Neuem anzufangen. Bei Apple gefeuert zu werden, war das Beste, was ihm passieren konnte – was ihm allerdings erst viel später bewusst wurde.

Die enorme Last, erfolgreich sein zu müssen, wurde ersetzt durch die Leichtigkeit, wieder ein Anfänger zu sein. Es befreite ihn, und zugleich bereitete es ihn auf einen der kreativsten Abschnitte seines Lebens vor. Er startete zwei neue Firmen, eine mit dem Namen NeXT[8], und die andere hieß Pixar. In einer denkwürdigen Wendung kaufte Apple später seine Firma NeXT, Steve kam damit zu Apple zurück, und die Technologie, die er bei NeXT entwickelt hatte, ist heute das Herzstück der Wiedergeburt von Apple.

Steve sagte einmal in einer Rede, dass man keine Verbindung zwischen den Punkten sieht, wenn man nach vorn schaut. Sie verbinden sich nur, wenn man zurückblickt. Man muss sich also einfach darauf verlassen, dass diese einzelnen Punkte sich in der Zukunft irgendwie verbinden werden. Man muss in etwas vertrauen – das Bauchgefühl, Schicksal, Leben, Karma, was auch immer. Dieser Ansatz hat ihn nie enttäuscht und er hat sein Leben geprägt.

Betrachten Sie die Interaktion mit anderen Menschen wie ein Teamsport oder ein Spiel. Sie müssen nicht verstehen auf welcher Ebene etwas passiert.

Wichtig zu wissen ist nur, dass diese drei Ebenen den Zweck aller Beziehungen darstellen. Eines Tages wird sich der Sinn von selbst zeigen. Wenn Sie einmal zurück in Ihr Leben schauen, können Sie jetzt vielleicht Zusammenhänge erkennen, die Ihnen vorher verborgen waren? Es ist nicht Ihre Aufgabe diese Begegnungen zu planen oder in irgendeiner Weise zu forcieren, dies führt unweigerlich zu Anstrengungen, Kampf und Auseinandersetzungen.

Die Geschichte des Ausverkaufs im Einkaufsladen

Als ich vor vielen Jahren an einem Seminar teilnahm und abgrundtiefe Gefühle der Verzweiflung erlebte, gegen die ich mich auch noch zutiefst wehrte, erzählte mir ein Seminarleiter die folgende Geschichte.

Stellen Sie sich für einen Augenblick vor, dass Sie reiner Geist sind – unsterblich und nicht von dieser Welt. In diesem Zustand können Sie nicht fühlen, weil Sie keinen Körper haben. Allerdings können Sie sehr wohl Entscheidungen treffen, genauso wie Sie das jetzt auch schon im Geiste tun. Stellen Sie sich weiterhin vor, dass Sie gerne wieder einmal eine Erfahrung machen möchten, dies aber nur innerhalb eines Körpers möglich ist. Dazu gibt es eine Art Einkaufszentrum mit allen erdenklichen Gefühlen, die man sich umsonst mitnehmen und erleben kann.

Sie kommen im Einkaufszentrum an – ein Gedanke dafür reicht aus – und es fand gerade eine Art Schlussverkauf statt. Sie kommen erst spät an und stellen fest, dass nur noch ein einziges Gefühl im Regal übrig ist! Voller Freude greifen Sie zur Packung mit dem letzten erhältlichen Gefühl. Da es in einem rein geistigen Zustand keinerlei Unterschiede und Bewertungen der Gefühle gibt, spielt es keinerlei Rolle was Sie wählen oder erhalten. Auf dem Etikett steht ‚Eifersucht‘ und eine neue Reise in einem neuen Körper beginnt. Nehmen wir an, sie sind jetzt 52 Jahre alt und kämpfen immer noch gegen das Gefühl der Eifersucht an.

Warum erzähle ich Ihnen diese Geschichte? Weil sie ein weiterer wichtiger Schlüssel für erfolgreiche Beziehungen ist. Jede Beziehung bringt irgendwann während ihrer Dauer Gefühle und Emotionen in Ihnen zum Erwachen, die sie nicht ausstehen können und mit aller Kraft unterdrücken. Doch gerade diese Gefühle und Emotionen sind es, um welche es in einer Beziehung geht. Vielleicht erinnern Sie sich beim nächsten Konflikt an diese Geschichte. Möglicherweise wird es Ihnen dann ein kleines Stück leichter fallen diese Gefühle zuzulassen und der Beziehung in diesem Moment die Wertschätzung zu geben, die ihr zusteht.

Die vier Begegnungs-Kreise Ihrer Beziehungen

Die wichtigste Beziehung ist die Beziehung zu Ihnen selbst. Sie beeinflusst alle anderen Beziehungen, die Sie in Ihrem Leben haben. Wenn Ihre eigene Beziehung zu Ihnen selbst nicht gut ist, dann sind es auch zwangsläufig alle anderen nicht. Wissen Sie, wer Sie wirklich sind? Was bleibt von Ihnen, wenn Sie in Gedanken folgenden Dinge aus Ihrem Leben entfernen?

- Beruf und Zuhause
- Familie und sämtliche Beziehungen
- Alles Wissen und Bildung
- Körper, Gefühle und Gedanken

Was würde Ihnen in diesem Zustand wichtig sein? Wo würden Sie jetzt das Glück suchen? Die meisten unserer Wünsche und Sehnsüchte sind Illusionen, weil Sie langfristig nicht glücklich machen. Viele erfolgreiche Menschen haben sich alle Wünsche erfüllt, um danach in eine schwere Depression zu fallen. Können Sie vollkommen glücklich sein nur mit sich selbst?

Ich denke, jeder sollte reich und berühmt werden und alles tun, wovon er jemals geträumt hat, damit er sieht, dass das nicht die Lösung ist. – Jim Carrey (amerikanischer Komiker und Filmschauspieler)

Der Film ‚Wonder Woman⁹ 1984‘, beschreibt am Ende in fast unglaublich deutlicher Weise was passiert, wenn die gesamte Menschheit aus ihrem jetzigen Stadium der Unzufriedenheit die Macht erhält, sich alle Wünsche – wie bei Aladins Wunderlampe – mit einer einzigen Aussage zu erfüllen. Die Menschen sind sich nicht bewusst welche Kraft und Auswirkungen ihre Wünsche haben. Die Welt stürzt in ein fürchterliches Chaos der Zerstörung. Alle narzisstischen Wünsche jedes einzelnen führen zum Kampf gegen jeden anderen.

Die meisten Wünsche entspringen einem Zustand der inneren Zerrissenheit, der Demütigung, Verletzung, Verachtung. Auf den Punkt gebracht – aus einem Zustand mangelnder Liebe. Diana, eine Amazone[10] ist die Hauptdarstellerin in diesem Film. Sie benutzt ihr magisches Lasso, damit die Welt die Wahrheit erkennt, was diese narzisstischen Wünsche der Menschheit wirklich kosten. Diana spricht zu allen Menschen in der Welt:

„Die Welt war ein schöner Ort, genau wie sie war. Ihr könnt nicht alles haben. Du kannst nur die Wahrheit haben. Du bist nicht der Einzige, der gelitten hat, der mehr will, der sie zurückhaben will, der nicht mehr verängstigt, allein oder machtlos sein will. Du bist nicht der Einzige, der sich eine Welt vorgestellt hat, in der alles anders, besser ist. Aber was kostet dich das? Siehst du die Wahrheit?“

Der Film hat eine starke Botschaft: Die Menschheit muss die Lügen des Kapitalismus und des Konsumismus durchschauen, um die Wahrheit zu erkennen.

Das ‚immer mehr für mich selbst' hat einen hohen Preis. Es ist eine Lüge, die nicht nur uns selbst, sondern der ganzen Welt schadet. Vom Klimawandel bis zur globalen und nationalen Ungleichheit (beides komplexe Themen, die die verheerenden menschlichen Kosten des Spätkapitalismus darstellen), ist es nicht schwierig, den aktuellen Bezug dieser Themen zu erkennen.

Mit Dianas Hilfe, die die Wahrheit sieht, beginnen Menschen auf der ganzen Welt ihren fatalen Wünschen zu entsagen. Sie wählen jetzt die Freude und Liebe ihrer Gegenwart und Zukunft anstelle des Schmerzes ihrer Vergangenheit. Die Wahrheit gelangt wieder in die Herzen der Menschen: Ihr braucht euch nie etwas wünschen, damit ihr geliebt werdet. Ihr wart schon immer der Liebe würdig, auch wenn die Welt euch im Stich gelassen hat, und die Menschen in eurem Leben nicht in der Lage waren es euch zu geben.

Die Herkunftsfamilie ist der nächste wichtige Kreis in Ihren Beziehungen. Die Mutter, der Vater, die Geschwister, Großeltern, Onkel und Tanten, Nichten und Cousinen, und natürlich auch Ihre eigene Familie – falls Sie eine haben. Dies sind lang anhaltende Beziehungen, die einen großen Einfluss auf Sie ausüben. Würden Sie vollkommen glücklich sein nur mit sich selbst, ohne Ihre Familie?

Freunde stellen den nächst größeren Kreis Ihrer Beziehungen dar. Freunde kommen und gehen, manche Freundschaften halten ein ganzes Leben lang.

Auch Freunde haben, genau so wie Ihre Familie, einen großen Einfluss auf Ihr Leben, und können Wendepunkte in Ihrem Leben auslösen. Könnten Sie glücklich sein nur mit sich selbst, und Ihrer Familie ohne Freunde?

Romantische Beziehungen in jeglicher Form – also auch zwischen zwei Männern oder Frauen – gehen noch einmal eine Stufe tiefer als die Ihrer Familie und Ihrer Freunde. Hier verbringen Sie mehr Zeit, und sie gehen tiefer in emotionale Themen. Romantische Beziehungen gehen oft schnell durch emotionale Höhen und Tiefen. Die Bandbreite erstreckt sich von der positiven Seite durch die Erfahrung von Ekstase, Lust, Begierden, vollkommenem Einssein und tiefster Befriedigung, über die negativen Aspekte von Stress, Schmerzen, Missbrauch, Suchtverhalten, Abhängigkeit bis zu schwersten Depressionen.

Eine romantische Beziehung beinhaltet die Synthese von Eros und Logos. In der historischen Form wird dem Mann der Logos, und der Frau der Eros zugesprochen. Aber es kann auch genau umgekehrt vorkommen, und wir haben auch immer beide Anteile in uns. Eros ist das Prinzip der Verbindung, das meist unbewusste Wahrnehmen, dass alles miteinander verbunden ist. Auf der höchsten Entwicklungsstufe ist es die Erkenntnis um die Einheit der Schöpfung, was auch Chaos und Disharmonie mit einschließt.

Logos ist das Prinzip der Erkenntnis, welches durch Verstehen nach der Wahrheit sucht. Logos entwickelt sich durch Weglassen von allem, was nicht echt ist. Unwesentliche Gedanken, Worte und Taten. Eros und Logos kommen auf ihrer höchsten Entwicklungsstufe über unterschiedliche Wege an das gleiche Ziel: die höchste Form der Liebe zwischen Mann und Frau als Ausdruck der Wahrheit.

Am äußersten Kreis unserer Beziehungen finden wir Bekanntschaften. Dies sind Beziehungen, die meist nur wenig Einfluss auf Ihr Leben haben, aber sie wirken unterstützend für Ihre Entwicklung. Manchmal ist es nur das Lächeln eines Fremden, der sie wieder daran erinnert was wirklich wichtig im Leben ist. Bekanntschaften vervollständigen die Lebensbühne und geben Ihrem Drehbuch den letzten Schliff. So wie das Sahnehäubchen auf dem Kuchen. Können Sie sich ein Leben ganz ohne Bekanntschaften vorstellen?

Wie Sie die Beziehung zu sich selbst verbessern

Den größten Einfluss auf Ihre Beziehungen haben Sie selbst. Daher ist es am wichtigsten eine gute Beziehung zu sich selbst zu haben. Finden Sie heraus wer Sie wirklich sind, und was Sie wirklich brauchen. Es geht hier weniger um das, was Sie haben wollen, als das was Sie wirklich brauchen.

Was sind Ihre innersten Bedürfnisse?

Ein neues Auto, ein besseres Handy, oder ein weiteres Paar neue Schuhe sind keine Bedürfnisse. Echte Bedürfnisse sind unabhängig von einer bestimmten Person, einem bestimmten Ort, oder einer bestimmten Zeit. Jeder kann ein Bedürfnis nachvollziehen oder ihm zustimmen und sie äußern sich in den Worten: ‚Ich brauche...‘, ‚Mir ist...wichtig‘, ‚Mir ist...wertvoll‘.

Erfüllte oder unerfüllte Bedürfnisse sind die Wurzeln unserer Gefühle.

Schauen Sie sich Ihre Ansichten, Meinungen und Überzeugungen im Leben an. Was davon ist wirklich Ausdruck Ihres Wesens? Es geht nicht darum irgendwo hinzukommen, es geht darum das wegzulassen, was nicht echt und authentisch ist. Alle Ihre Vorstellungen, die man Ihnen schon in frühester Kindheit unterbreitet hat. Alle Konzepte über Menschen, Beziehungen und der Welt, die Sie sich über Jahre angesammelt haben und welche Ihre Persönlichkeit definieren.

Mit Persönlichkeit meine ich an dieser Stelle die ‚Maske‘ die Sie tragen, welche Ihr wahres Selbst verbirgt. Das Wort Persönlichkeit hat seine Wurzeln im Lateinischen ‚Persona‘, was übersetzt Maske, Rolle und auch Charakter bedeutet. Das ist auch der Grund warum ich gelegentlich das Leben mit einem Film, Buch oder Theaterstück vergleiche.

Wenn Sie alles weglassen, was nicht echt und authentisch ist dann bleibt nur das übrig, was Ihre Essenz ausmacht. Es ist ein Prozess der Selbsterkenntnis, der Sie durch Ärger, Schmerz, Frustration und Illusionen hindurch zu Ihrem Wesenskern bringt. Dieser innere Wandel wird sich wie eine unsichtbare Welle auf alle Ihre Beziehungen ausbreiten. Ihre Mitmenschen werden daraufhin entweder einen anderen Bezug zu Ihnen haben, oder sie werden sich genauso wie vorher verhalten, allerdings mit dem Unterschied, dass Sie eine emotionale Freiheit verspüren und nicht länger reagieren.

Ich kann mich noch gut daran erinnern, als ich mich im Alter von 28 Jahren im Streit von meiner Mutter verabschiedete und nach Indien pilgerte. Es war in Poona, im Koregoan Park Ashram von Osho, als mir bei der täglichen Meditation wieder meine ganze Kindheit wie ein Film in meinem Verstand abspulte. Es war, als ob ich jeden Streit und jede Ungerechtigkeit mit meiner Mutter nochmals durchlebte. Aber hier, tausende Kilometer entfernt von zu Hause, konnte ich es einfach beobachten, ohne eine emotionale Achterbahn zu fahren.

Über zwei Wochen war dies mein Heimkino-Programm, bis ich schließlich alles in einem langen Brief an meine Mutter zusammenfasste. Ich konnte ihr für alles vergeben, weil mir klar wurde, dass sie immer nur das Beste für mich tat – eben mit ihrer damaligen Perspektive und Erfahrung, und nicht wie ich es mir gewünscht habe oder was ich gebraucht hätte.

Wenn Sie durch den Prozess der Selbsterfahrung an Ihrem innersten Kern angelangt sind, eröffnet sich eine völlig neue Perspektive der Freiheit. An diesem Punkt können Sie sich fragen wie Sie wirklich leben wollen, welcher Arbeit oder Aufgabe Sie nachgehen möchten.

Aus dieser zurückgewonnenen Freiheit können Sie jetzt Ihre Beziehungen neu betrachten, und neue Entscheidungen treffen. Wenn Sie eine Beziehung an dieser Stelle abbrechen wollen, dann sehen Sie es nicht als Fehler, sondern einfach als nötigen Entwicklungsschritt für Ihr Leben. Der andere ist nicht länger ein Feind, sondern ein Spielkamerad in Ihrem Drehbuch – er ist nach wie vor, wie auch Sie, auf der gleichen Bühne.

Wie Sie Ihre Beziehungen zu anderen verbessern

Eine gute, liebevolle Kommunikation ist ein weiterer entscheidender Faktor Ihre Beziehungen zu verbessern. Die Art wie wir miteinander sprechen – speziell mit unserem Partner – entscheidet in jedem Moment, ob wir eine Trennung oder eine Verbindung herstellen.

In der Regel sind wir mit einer Sprache aufgewachsen, die uns dazu ermutigt, zu etikettieren, zu vergleichen, zu fordern und Urteile zu fällen, anstatt uns bewusst zu machen, was wir fühlen und brauchen.

Die meisten wissen nicht, dass wir auf ‚gewalttätige‘ Weise miteinander sprechen, aber unsere Worte sind oft verletzend. Gewaltfreie Kommunikation, entwickelt von Marshall Rosenberg[11], ist ein Rahmen, der uns hilft, unsere Gefühle und Bedürfnisse auszudrücken, ohne andere zu verurteilen, zu tadeln oder zu kritisieren. Sie zeigt uns auch, wie wir anderen das Gefühl geben können, verstanden zu werden, was Konflikte entschärft.

Unsere Aufmerksamkeit richtet sich primär auf das Klassifizieren, Analysieren und Bestimmen von Falschheit, statt auf das, was wir und andere brauchen und nicht bekommen. Wenn z.B. meine Partnerin mehr Zuneigung will, als ich ihr gebe, ist sie ‚bedürftig und abhängig‘. Aber wenn ich mehr Zuneigung will, als sie mir gibt, dann ist sie ‚unnahbar und unsensibel‘. Unsere Aufmerksamkeit klebt also meistens an der Wertung über den anderen, und dabei vergessen wir unser eigenes Bedürfnis. Dieses Verhalten führt immer zu einer Trennung – die Liebe hat nie eine Chance.

Wir urteilen und kritisieren, weil wir versuchen, die andere Person dazu zu bringen, sich anders zu verhalten, um unsere eigenen Bedürfnisse erfüllt zu bekommen. Aber alles, was dabei normalerweise passiert, ist, dass die andere Person defensiv, verärgert oder wütend wird. Der Versuch, andere dazu zu bringen, sich anders zu verhalten, indem man ihnen ein schlechtes, schuldiges oder beschämendes Gefühl gibt, funktioniert meistens nicht.

Eine weitere äußerst ineffektive Kommunikationsstrategie ist, andere dafür verantwortlich zu machen, wie wir uns fühlen oder was wir getan haben. Wir sprechen auf eine Art und Weise, die unsere Selbstverantwortung leugnet und impliziert, dass wir keine Wahl hatten. Zum Beispiel: ‚Hör auf, mich wütend zu machen.‘ Die Wahrheit liegt darin, die Tatsache zu erkennen, dass äußere Dinge der Anreiz dafür sein können, dass wir uns auf eine bestimmte Weise fühlen, aber niemals die Ursache.

> *„Eine der letzten menschlichen Freiheiten ist, seine Einstellung unter welchen Umständen auch immer frei wählen zu können und einen eigenen Weg wählen zu können.“* – Viktor Frankl (österreichischer Neurologe und Psychiater)

Der erste Schritt in die Richtung einer besseren Kommunikation ist den Fokus auf die Beobachtung zu legen und nicht auf die Bewertung. Zuerst beobachten wir, was in einer Situation tatsächlich passiert. Was beobachten wir, was andere sagen oder tun, das unser Leben entweder bereichert oder nicht bereichert? Der Trick ist, diese Beobachtung zu artikulieren, ohne ein Urteil oder eine Bewertung einzuführen. Als Nächstes sagen wir, wie wir uns fühlen, wenn wir diese Handlung beobachten. Sind wir verletzt, verängstigt, erfreut, amüsiert, irritiert?

Und als dritten Schritt sagen wir, welche Bedürfnisse von uns mit den Gefühlen, die wir aufgedeckt haben, verbunden sind.

Während die meisten Menschen denken, dass sie bereits wissen, wie man Beobachtungen macht, wissen sie es in Wirklichkeit nicht. Das Problem ist, dass wir, wenn wir versuchen, Beobachtungen zu machen, normalerweise unsere Bewertungen hineinmischen. Unsere Bewertungen sind nicht die Fakten dessen, was passiert ist, sondern sie sind unsere Urteile, Kritiken und andere Arten, das Geschehene zu analysieren.

Der Weg, gewaltfrei zu kommunizieren, besteht also darin, unsere Beobachtungen von unseren Bewertungen zu trennen. Wenn wir das tun, ist es viel unwahrscheinlicher, dass unser Gesprächspartner defensiv und resistent wird. Das heißt, wir können unsere zwischenmenschlichen Probleme schneller und unkomplizierter lösen.

Nachdem Sie also eine Beobachtung gemacht haben, müssen Sie Ihre Gefühle über das, was Sie beobachtet haben, ausdrücken. Während die meisten von uns glauben ihre eigenen Gefühle auszudrücken, interpretieren und bewerten wir in Wahrheit den anderen. Achten Sie darauf, dass Sie den Worten ‚Ich fühle mich...' ein tatsächliches inneres Gefühl wie z.B. ‚traurig' folgen lassen, und nicht: ‚Ich fühle mich wie...' oder ‚Ich fühle, dass...', welches nur Interpretationen sind.

Als nächsten Schritt bringen wir unsere Gefühle mit unseren unerfüllten Bedürfnissen in Verbindung.

An der Wurzel unserer Gefühle liegt immer ein Bedürfnis. Wenn wir uns gut fühlen, liegt das daran, dass unsere Bedürfnisse erfüllt werden. Wenn wir uns schlecht fühlen, liegt das daran, dass unsere Bedürfnisse nicht erfüllt werden. Wir haben Bedürfnisse nach Sicherheit, Gesundheit, Respekt, Liebe, Vertrauen, Wärme, Autonomie, Verständnis, Intimität, Unterstützung, Spaß und viele mehr.

Eine gute Formel, der man folgen kann, ist: ‚Ich fühle..., weil ich... brauche.‘ Dies erlaubt uns, unsere unerfüllten Bedürfnisse zu kommunizieren, ohne die andere Person zu kritisieren oder ihr die Schuld zu geben.

Der letzte Bestandteil einer gewaltfreien Kommunikation ist es, eine Bitte an jemanden auszusprechen. Sie sagen der anderen Person so konkret und spezifisch wie möglich was Sie sich wünschen. Verlangen Sie nicht von der anderen Person das zu tun, was Sie wollen. Sprechen Sie eine Bitte aus und keine Forderung! Wenn Sie fordern, glaubt die andere Person, dass sie bestraft wird, wenn sie nicht tut, was wir sagen. Um zu vermeiden, Forderungen zu stellen, seien Sie sich bewusst, wenn Sie anfangen, Gedanken zu haben wie ‚Er sollte dies tun‘ oder ‚Sie sollte das tun‘ oder ‚Ich verdiene das.‘ Diese innere Haltung klingt so, als würden Sie ein bestimmtes Verhalten verpflichtend einfordern.

Wir haben uns jetzt intensiv damit beschäftigt zu erforschen, wie wir uns selbst ausdrücken können. Lassen Sie uns jetzt den Fokus wechseln und lernen, wie wir die Kommunikation anderer Menschen empfangen können.

Beginnen Sie immer mit Empathie. Wenn andere Menschen sich uns anvertrauen, reagieren viele von uns reflexartig mit einem Ratschlag oder einer Beruhigung. Das mag unser Versuch sein, das Problem, das sie plagt, zu ‚reparieren'. Doch oft, wenn jemand seine Gefühle offenbart, ist das, was er wirklich braucht, Einfühlungsvermögen. Es ist also immer besser zu fragen, bevor man einen Ratschlag oder eine Beruhigung gibt, denn das ist normalerweise nicht das, was die andere Person braucht. Der wichtigste Teil der Empathie ist, mit der anderen Person und ihren Gefühlen präsent zu sein. Es geht nicht darum, ihre Situation intellektuell zu verstehen.

Es gibt noch eine Reihe anderer Faktoren wie Sie Ihre Kommunikation verbessern können, aber mit den besprochenen Schritten kommen Sie bereits auf eine völlig neue und erfolgreichere Ebene. Leider wird diese Form der Kommunikation sehr selten im Elternhaus gebraucht und gelernt. Meiner Meinung nach sollte sie fester Bestandteil der Schulausbildung sein. Wie können sich Rechthaberei und Gewaltanwendung in der Welt je ändern, wenn wir nicht schon in unserer Kindheit lernen, wie wir in Frieden miteinander sprechen, uns unsere Bedürfnisse zugestehen und diese uns gegenseitig erfüllen?

Geben Sie sich ein Versprechen und verbessern Sie die Beziehung zu sich selbst und zu anderen mit den beschriebenen Methoden. Es gibt reichlich Literatur und Online-Kurse zu diesem Thema. Bleiben Sie am Ball und stellen Sie das Thema Beziehungen in den Vordergrund Ihres Lebens. Wenn Sie das tun, werden Sie schon bald merken, wie sich Ihre Beziehungen im Leben zum positiven ändern. Was nicht bedeutet, dass die Begegnungen alle reibungslos ablaufen – im Gegenteil – manchmal müssen erst unauthentische, unehrliche und missbräuchliche Beziehungen enden, bevor etwas Neues in Ihr Leben kommen kann.

Die Erfüllung einer Beziehung über den Sex

Erfüllte Momente in unserem Leben sind immer Momente in denen wir das Gefühl von Einssein erfahren. Für die meisten Menschen ist dies nur in den wenigen Augenblicken während des Sex und im Moment des Orgasmus erfahrbar.

Warum? Weil wir uns in diesem Moment komplett hingeben und alles zurücklassen, dass uns irgendwie von unserem Partner trennen könnte. Leider hält der Zustand nur wenige Minuten, wenn nicht nur Sekunden und schon bald danach ist wieder das normale Gefühl der Trennung spürbar.

Da wir oft nur im Sex diesen Moment der Vereinigung und des Eins-Seins erleben, ist unser Fokus darauf gerichtet ihn so oft wie möglich zu erfahren. Wenn der Sex sich ausschließlich auf die körperliche Vereinigung konzentriert, kann es passieren, dass der andere zum Objekt der Begierde wird. Im innersten spüren wir das etwas nicht richtig ist – oft ist es ein Gefühl der Leere oder der Scham nach dem Sex – aber nur wenige trauen sich dies zu hinterfragen. Wer gesteht sich schon gerne eine Illusion oder Lüge ein? Dazu braucht es eine große Portion Selbstbewusstsein, auch Mut und vor allem Ehrlichkeit.

,Sex sells' sagen die Werbefachleute in den USA, und da alle westlichen Kulturen das amerikanische Verkaufsmodell übernommen haben, ist auch unsere Werbung gespickt mit Erotik und Sex-Appeal. Schon lange benutzen Männer ihr Auto als Ausdruck ihrer Potenz, aber mittlerweile nutzt auch die Autowerbung dieses Thema völlig freizügig. Geradezu meisterhaft werden in den Werbeclips der neuen Automodelle die Formen und das Gefühl des Fahrens gezeigt, damit beim Betrachter ganz gezielt erotische Gefühle ausgelöst werden.

Das Gefühl wird mit dem Modell und der Automarke im Gehirn verankert. Wenn wir dann dieses Auto bei der nächsten Kreuzung oder auf einem Parkplatz sehen, dann werden automatisch die verankerten Gefühle wieder erzeugt. Unbewusst entsteht der Wunsch in uns das Auto zu besitzen, um damit dieses Gefühl zu spüren.

Auch die Frau weiß sich in Szene zu setzen, dazu reicht schon ein roter Lippenstift. Gesellen sich dann noch die rot lackierte Fingernägel, die halbdurchsichtige, gepunktete Nylon-Strumpfhose sowie High Heels dazu, dann funktioniert beim Mann nur noch das Reptiliengehirn. Es regt sich der Drang nach Fortpflanzung, und mit ihm alle weiteren körperlichen Empfindungen und Symptome.

Wer nur diesen Gefühlen hinterhereifert, der unterscheidet sich eigentlich nicht wesentlich von einem Alkoholiker, einem Workaholic oder einem Drogensüchtigen. Die Wurzel des Verlangens ist die gleiche, und ist immer eine Suche danach, der inneren Leere zu entkommen. Eine Leere, die durch Isolation und Getrenntheit von uns aufrechterhalten wird, weil wir zu große Angst haben uns zu verlieren, dem anderen hinzugeben, und die Vereinigung in der Liebe zu spüren.

Es gibt zahlreiche andere Momente, in denen wir glauben Erfüllung zu erleben, aber meistens sind es nur äußere Gegebenheiten die uns ein Gefühl des Glücks suggerieren. Wenn wir z.B. eine Gehaltserhöhung bekommen, ein neues Auto kaufen, auf der Kirmes den Teddybären in der Schießbude gewinnen, oder genau das bekommen, was wir uns lange sehnlichst erhofft hatten. Es sind von Außen eintreffende Ereignisse, die unser Selbstbild und unsere Persönlichkeit in vollem Glanz erstrahlen lassen. Sie haben nichts mit wahrer Erfüllung zu tun, sondern eher mit Begierden, da diese Gefühle genauso schnell wieder verschwinden, wie sie entstanden sind.

Der Weg von der individuellen Beziehung zur heiligen Beziehung

E ine Beziehung ist in ihrer höchsten erfahrbaren Form immer eine Vereinigung, eine Auflösung der Getrenntheit. Es ist eine Erfahrung der Wirklichkeit – der einzigen Wirklichkeit, die es gibt – nämlich das alles Wahrhaftig eins ist. Es ist eine Rückbesinnung aus der Illusion der Trennung, die wir als unsere Welt und als unsere Realität beschreiben. Eine Erinnerung an den Beginn der Schöpfung selbst, was auch ausführlich im Kurs in Wundern[12] beschrieben ist.

Durch unser streng wissenschaftlich geprägtes Weltbild fokussieren wir unsere Aufmerksamkeit hauptsächlich auf die materiellen Aspekte des Lebens. Auf der Beziehungsebene ist das nicht anders, deshalb steht der Bereich des Körpers im Mittelpunkt des Schauplatzes. Das ist auch der Grund dafür, warum in unserer Kultur der Sex das Epizentrum ist. Paradoxerweise ist der Sex trotz Emanzipation und Aufklärung immer noch ein Tabu.

Alle Beziehungen, die wir eingehen haben am Anfang ihren Fokus auf der Individualität. Das Augenmerk liegt auf zwei Menschen, von denen sich jeder als Individuum betrachtet. Alles, was die Beziehung am Anfang ausmacht, ist von individueller Natur. Man zeigt sich von der besten Seite, versucht dem anderen zu gefallen, am besten nicht zu widersprechen und sucht erst einmal nach äußeren Gemeinsamkeiten, mit denen man sich verbinden kann.

Die Aufmerksamkeit ist fokussiert auf die äußeren Merkmale, etwas später auf den Charakter, und wenn es gut läuft auf die individuellen Bedürfnisse des einzelnen. Unbewusst suche ich in einer individuellen Beziehung immer nach etwas außerhalb von mir, das mich meiner eigenen Vollständigkeit näher bringt.

In der klassischen Psychologie wird dieses Verhalten als Projektion bezeichnet, und jede länger anhaltende Beziehung wird sich dessen bewusst werden. Der Ansatz zur Lösung des Problems ist die Integration des ‚Schattens‘. Mit Schatten ist alles gemeint, was wir selbst nicht erkennen wollen oder können. Alles, was außerhalb unserer selbst definierten und gesteckten Grenzen liegt, und unsere Persönlichkeit definiert. Aussagen wie z.B. ‚Ich mag die Farbe Rot, Blau gefällt mir allerdings gar nicht. Ich glaube an die Politik und den Rechtsstaat, allerdings finde ich die Steuern zu hoch.‘

Es gibt nur zwei grundsätzliche Motivationen in unserem Leben. Entweder wir suchen die Liebe oder wir geben sie. Wir suchen die Liebe, wenn wir uns getrennt, einsam, wertlos oder unvollständig fühlen. Wir geben die Liebe, wenn wir uns eins, friedvoll und vollständig fühlen.

Da wir die Liebe im anderen nicht finden können, suchen wir nach etwas anderem von dem wir glauben, dass es mit der Liebe zu tun hat. Also z.B. etwas, dass meinen Status erhöht, mich besser aussehen lässt, oder mich in ein besseres Licht rückt.

Nicht selten suchen wir nach einer Befriedigung unserer eigenen Bedürfnisse durch den anderen, welche oft einem Gefühl der Leere – einer mangelnden Selbstliebe – entspringt.

Die Begierde nach dem Sex nur durch den Körper ist eine endlose Suche nach wahrer Vereinigung, welche immer neue Formen der Stimulation sucht, aber nie eine wahre Befriedigung hinterlässt. Im Wort Befriedigung steckt das Wort Friede, was schon einen Hinweis darauf gibt, dass es sich dabei um den geistigen und nicht körperlichen Zustand handelt.

Im Kern der individuellen Beziehung liegt das Verlangen nach Liebe, die über den anderen gestillt werden soll. Mit einem Satz ausgedrückt: Was kannst Du mir geben, das ich nicht habe?

Eine Beziehung bleibt so lange in diesem Stadium bis zumindest einer der Beteiligten genau diese Tatsache erkennt. Durch alle körperlichen und psychischen Bedürfnisse, denen wir folgen, wird ein Großteil unserer Aufmerksamkeit von unserem Geist abgelenkt. Dadurch vergessen wir, dass wir in Wahrheit geistigen Ursprungs sind.

Das Bedürfnis nach ‚wahrer Intimität‘ kann nicht durch den Körper erfahren werden. Die Etymologie des Wortes Intimität bedeutet ‚das innerste‘ oder ‚das vertrauteste‘ und bezieht sich damit auf den Geist und nicht auf den Körper.

Es geht also nicht darum was zwischen zwei Körpern abläuft, sondern was im innersten unseres Wesens passiert. Wahre Intimität ist der Zugang zur Liebe und damit der Weg in das Zentrum unseres Wesenskerns.

Unsere Individualität, im Speziellen unser Körper, ist Ausdruck der Einzigartigkeit, daher ist es unmöglich hiermit ein Gefühl des Eins-Seins zu erzielen. Nur was ohne Unterschied ist, kann sich verbinden. Was aber ohne Unterschied ist, kann in Wirklichkeit nie getrennt sein. Tatsächlich sind alle meine Mitmenschen und ich im Geiste vollkommen eins, denn die Liebe in mir, und die Liebe in einer anderen Person unterscheidet sich nicht. Das bedeutet, eine Eins-Sein-Verbindung in der Beziehung ist möglich, wäre da nicht die Überzeugung in mir, dass ich ein Körper bin und nicht geistigen Ursprungs.

Der Schritt in die heilige (im Sinne von heiler oder ganzer) Beziehung beginnt mit der Erkenntnis, dass das, was ich im tiefsten Innersten suche, genau das Gleiche ist, was der andere auch sucht. Es ist das grundlegende Bedürfnis nach der Verbindung zur Liebe, welche nur im Geiste zu finden ist.

„Ich halte die Liebe von mir fern, weil ich weiß, dass in der Gegenwart dieser Liebe, meine Individualität verschwindet." - Dr. Ken Wapnick (Kurs in Wundern)

Wenn ich mir meine Beziehungen im Leben betrachte, so kann ich erkennen, welche Bedürfnisse sich in meinem Geist befinden. Jede Suche nach einer intimen Beziehung mit einem Wesen – das bezieht auch Tiere mit ein – ist Ausdruck meines Begehrens nach enger Verbundenheit mit der Liebe in mir. Die wahre und göttliche Liebe in meinem Geist ist nicht von dieser Welt. Sie bietet mir in jedem Moment meines Lebens einen Frieden an, der in dieser Welt niemals zu finden ist. In dieser Liebe kann ich mich mit einem anderen verbinden und jenseits aller Trennungen sein. Dabei machen Zeit und Raum keinen Unterschied.

In diese Liebe kann ich durch eine einzige Entscheidung eintreten. Ich kann entweder der Stimme meines Ichs folgen, oder der meines heiligen Geistes.

Entscheide ich mich für mein Ich, dann entscheide ich mich für meine Individualität und damit für das Getrenntsein zu anderen. Meine Aufmerksamkeit ist auf Unterschiede und Grenzen gerichtet. Entscheide ich mich für den heiligen Geist, der über die Trennung meines Individuums hinausgeht, dann entscheide ich mich damit für die Liebe.

In der höchsten Instanz unseres Geistes gibt es nur diese eine Wahl, und in Wirklichkeit ist diese Wahl noch nicht einmal eine Wahl, weil die Trennung nur eine Illusion ist, die durch unsere Identifikation mit unserem Körper erschaffen wurde.

Ich glaube, ich bin ein Körper und nicht geistigen Ursprungs. Offensichtlich bin ich hier und der andere ist dort.

Wir verwechseln sehr oft Form und Inhalt. Es ist das Wasser, das mich nährt nicht das Glas. Das Glas benötige ich nur, um das Wasser zu trinken. Wenn wir dem Glas mehr Bedeutung schenken als dem Wasser, dann dürfen wir uns nicht wundern, wenn uns das Wichtigste im Leben fehlt.

Nachwort

Ein alter Indianer sitzt mit seinem Sohn am Lagerfeuer und spricht: „Mein Sohn, in jedem von uns tobt ein Kampf zwischen zwei Wölfen. Der eine Wolf ist böse. Er kämpft mit Neid, Eifersucht, Gier, Arroganz, Selbstmitleid, Lügen, Überheblichkeit, Egoismus und Missgunst. Der andere Wolf ist gut. Er kämpft mit Liebe, Freude, Frieden, Hoffnung, Gelassenheit, Güte, Mitgefühl, Großzügigkeit, Dankbarkeit, Vertrauen und Wahrheit." Der Sohn fragt: „Und welcher der beiden Wölfe gewinnt?" Der alte Indianer schweigt eine Weile. Dann sagt er: „Der, den du fütterst."

Unser gesamtes Leben lang sind wir immer entweder mit dem Ich – unserem Selbstbild – oder dem heiligen Geist verbunden. Die Stimme, für die ich mich entscheide, legt fest wie meine Beziehungen sein werden. Es ist die wichtigste Entscheidung, die Sie in Ihrem Leben treffen können, und Sie treffen sie in jedem Moment neu.

Ihr Kostenloses Hörbuch

Wussten Sie, dass Einsteins wichtigste Entdeckung nicht die Relativitätstheorie war? Erfahren Sie sein erstaunliches Geheimnis und damit den Schlüssel für Freiheit und Erfüllung in Ihrem Leben. Holen Sie sich jetzt das kostenloses Hörbuch!

Bitte diese Webseite notieren und in Ihrem bevorzugten Webbrowser eingeben:

thomasherold.com/audiobuch-geschenk

Weitere Bücher von Thomas Herold

Einsteins Wichtigste Erkenntnis

Warum die Antwort auf eine einzige Frage
Ihr Leben entscheiden kann

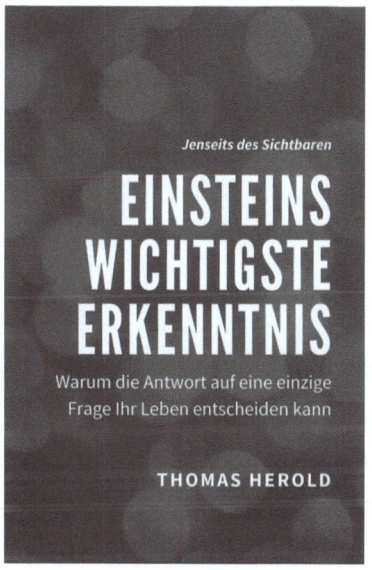

Wussten Sie, dass Einsteins wichtigste Entdeckung nicht die Relativitätstheorie war? Erfahren Sie sein erstaunliches Geheimnis und damit den Schlüssel für Freiheit und Erfüllung in Ihrem Leben.

Diese Antwort – ob bewusst oder unbewusst getroffen – beeinflusst alle Aspekte Ihres Lebens! Sie prägt das allgemeine Lebensgefühl und Ihre Grundhaltung zum Leben selbst.

Würde ich Ihnen jetzt unmittelbar diese elementare Frage auf dem silbernen Tablett präsentieren, dann wäre das etwa so, als ob ich Ihnen nur die letzte Seite eines überaus spannenden Romans zu lesen gäbe. Stellen Sie sich vor, Sie sehen nur die letzten fünf Minuten eines spannenden Krimis. Sie werden keinerlei Bezug zum Film haben. Der tiefere Sinn, die Zusammenhänge, und der emotionale ‚Spaßfaktor' bleiben auf der Strecke.

In diesem Buch werden Sie Einsteins wichtigste Entdeckung erfahren. Eine Entdeckung die für Jahrzehnte verborgen blieb und es vor kurzer Zeit veröffentlicht wurde.

Einsteins wichtigste Erkenntnis ist die Grundlage, aus der sich Ihr Lebensziel ergibt:

- Ein Ziel, das niemals mit einem anderen Ziel in Konflikt steht
- Ein Ziel, das Sie Ihr Leben lang begleitet
- Ein Ziel, das Sie motiviert ohne sich motivieren zu müssen
- Ein Ziel, das Ihnen Sicherheit und Vertrauen schenkt
- Ein Ziel, das Sie niemals vergessen werden
- Ein Ziel, das Sie mit anderen Menschen auf tiefster Ebene verbindet
- Ein Ziel, das eine dauerhafte Quelle für Inspiration und Freude ist

Wie finde ich mein Ziel im Leben am besten heraus?

Erfolgreiche Ziele, und solche die auch die meiste innere Zufriedenheit mit sich bringen, sind Ziele die über Ihre Person hinausgehen. Je mehr das Ziel andere mit einschließt, und je mehr das Ziel anderen dient, desto erfüllter werden Sie sein.

Anstatt Sie also mit endlosen Zielvariationen und Zielsystemen zu konfrontieren, möchte ich Sie auf eine Reise mitnehmen, an deren Ende Sie genau wissen, was das wichtigste Ziel (Entscheidung) in Ihrem Leben ist.

Erhältlich bei Amazon als E-Buch, Taschenbuch und Hörbuch.

Moderne Geldschöpfung

Geld aus dem Nichts und der Zinstrick der Zentralbanken

Fragen Sie sich gelegentlich auch warum alles ständig teurer wird? Warum Wohnraum in den letzten Jahren unbezahlbar geworden ist, und weshalb Ihr Geld auf der Bank täglich weniger wird?

Schafft Geld Wohlstand?

Seit der Corona-Krise laufen die Druckpressen aller Zentralbanken heiß. Es wird weltweit mehr Geld gedruckt als je zuvor, und das weltweite Finanzsystem steht vor der größten Herausforderung seiner Geschichte. Der Finanzcrash 2008 war bereits ein Indikator für die kommende Endphase.

Wenn Banken zusätzliches Geld drucken, ohne das mehr Waren und Dienstleistungen zur Verfügung stehen, dann wird das gesamte Geld auf dem aktuellen Markt abgewertet. Es bedeutet, dass Sie plötzlich weniger kaufen können, selbst wenn der Euroschein in Ihrer Hand denselben Wert zeigt.

Dieser Prozess wird Inflation genannt, und ist das Hauptinstrument der Banken, um Geld aus dem Nichts zu verdienen. Es ist außerdem die wirksamste und auch hinterlistigste Art Ihr Geld zu entwerten, und nichts anderes als Betrug.

Wie entsteht modernes Geld?

Die Geldschöpfung im 21. Jahrhundert ist mittlerweile äußerst komplex geworden, und Sie werden nur mit erheblichem Zeitaufwand und größter Anstrengung durchschauen, wie sie im Detail funktioniert.

Wäre es einfach zu durchschauen, dann würde das Vertrauen in unser modernes Geld noch schneller als bisher schwinden, und ein globaler Aufstand gegen das bestehende Geldsystem würde sich beschleunigen.

Wie moderne Geldschöpfung genau funktioniert, und weshalb wir vor der größten Revolution in der Geschichte des Geldes stehen, erfahren Sie in diesem Buch.

Erhältlich bei Amazon als E-Buch, Taschenbuch und Hörbuch.

Zeitenwende 2020

Prognose und Wegweiser zum Aufbruch in ein neues Zeitalter

Spätestens Ende April 2020 muss jedem klar gewesen sein, dass wir in einer außerordentlichen Krise stecken. Covid-19 diente dabei als Brandbeschleuniger für die Wirtschaft, und hat eine weltweite wirtschaftliche Brandrodung, die schon Jahre zuvor loderte, in Gang gebracht.

Was vielleicht nur wenige in 2020 sehen können, ist das Ausmaß dieser Krise.

Was ist eine Zeitenwende?

Eine Zeitenwende stellt einen Umbruch im historischen Geschehen dar. Um kollektive Veränderungen besser zu verstehen und damit umzugehen, hat der Mensch schon seit jeher verschiedene Methoden der Prognostik benutzt.

Prognostik bedeutet, dass wir uns Mittel und Instrumente bedienen, welche zeitlich wiederkehrende Zusammenhänge aufzeigen und verdeutlichen. Wir können uns damit auf kommende Veränderungen besser einstellen und Fehlverhalten vermeiden.

Welche Veränderungen kommen?

In diesem Buch werden Sie aufschlussreiche Einblicke in den Bereich der Prognostik erfahren. Sie werden dadurch weitaus besser verstehen, weshalb bis ins Jahr 2025 massive globale Veränderungen auf uns zukommen werden. Diese Neugestaltung wird soziale, wirtschaftliche und auch die politische Ebene betreffen.

Erhältlich bei Amazon als E-Buch, Taschenbuch und Hörbuch.

Anmerkungen

[1] https://de.statista.com/statistik/daten/studie/429707/umfrage/umfrage-in-deutschland-zum-wichtigsten-aspekt-fuer-eine-erfolgreiche-liebe/

[2] https://de.statista.com/statistik/daten/studie/871892/umfrage/umfrage-in-deutschland-zu-wichtigsten-kriterien-bei-partnerwahl/

[3] https://de.statista.com/themen/142/liebe/

[4] https://www.sinnliche-seiten.de/so-viele-beziehungen-haben-wir-im-durchschnitt

[5] https://de.wikipedia.org/wiki/Internationale_Gesellschaft_f%C3%BCr_Krishna-Bewusstsein

[6] https://www.reed.edu/

[7] https://de.wikipedia.org/wiki/Steve_Wozniak

[8] https://de.wikipedia.org/wiki/NeXT

[9] https://www.kino.de/film/wonder-woman-1984-2020/news/wonder-woman-1984-die-ersten-reaktionen-zum-superheldenfilm-sprechen-deutliche-sprache/

[10] https://www.wortbedeutung.info/Amazone/

[11] https://de.wikipedia.org/wiki/Marshall_B._Rosenberg

[12] https://lektionen.acim.org/de/